Für den kleinen Floh Léonie
V. A.

Für meine Familie
E. T.

Ebenfalls erhältlich:

 ISBN 978-3-8369-5748-9

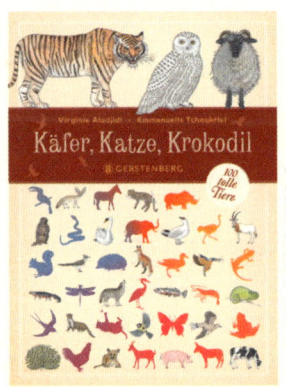  ISBN 978-3-8369-5328-3

 ISBN 978-3-8369-5868-4

 ISBN 978-3-8369-5364-1

 ISBN 978-3-8369-5811-0

Umschlaggestaltung: Caroline Ancelot
Layout: cedricramadier.com
Wissenschaftliche Beratung: Hélène Perrin, Entomologin
Die Originalausgabe erschien 2013 unter dem Titel
Inventaire illustré des insectes bei Albin Michel Jeunesse, Paris
Copyright © 2013 Albin Michel Jeunesse
Alle Rechte vorbehalten

Deutsche Ausgabe Copyright © 2016 Gerstenberg Verlag, Hildesheim
Alle deutschsprachigen Rechte vorbehalten
Übersetzung: Cornelia Panzacchi, Göttingen
Lektorat: Jorunn Wissmann, Binnen
Printed in China
www. Gerstenberg-verlag.de
ISBN 978-3-8369-5911-7

Virginie Aladjidi & Emmanuelle Tchoukriel

Fliege, Falter, Honigbiene

Die Welt der Insekten

GERSTENBERG

VORWORT

Insekten leben seit 400 Millionen Jahren auf der Erde. Bereits vor 350 Millionen Jahren, lange vor dem Auftreten der ersten Dinosaurier, flogen Riesenlibellen umher.

Ungefähr 80 Prozent aller auf unserem Planeten lebenden Tierarten zählen zum Stamm der Gliederfüßer oder »Arthropoden«, dem die Insekten, Krebse, Spinnen und viele weitere Klassen von wirbellosen Tieren angehören. Die übrigen 20 Prozent verteilen sich auf die Klassen der Säugetiere, Vögel, Reptilien, Fische …

Wir kennen heute eine Million Insektenarten, doch Wissenschaftler schätzen ihre Zahl insgesamt auf fünf bis zehn Millionen. Insekten sind sehr nützlich: Sie bestäuben beispielsweise die Blüten, von deren Nektar sie sich ernähren, und dienen vielen Tieren als Nahrung.

Die auf wissenschaftliche Illustrationen spezialisierte Künstlerin Emmanuelle Tchoukriel hat für dieses Buch 65 Arten detailgenau dargestellt. Die schwarzen Linien ihrer Zeichnungen sind mit Rotring-Zeichenstift und Tusche ausgeführt, die lebhafte und dabei oft durchscheinend zarte Farbenpracht der Tiere hat sie mit Aquarellfarben wiedergegeben.

Wie bei allen Gliederfüßern schützt auch bei den Insekten ein Exoskelett (»Außenskelett«) die Organe. Es besteht aus Chitin und ist gleichzeitig biegsam und stabil. Der Insektenkörper ist in Kopf, Brust und Hinterleib unterteilt. Als erwachsene Form (Imago) besitzen alle Insekten sechs Beine. Je nach Art können ein oder zwei Flügelpaare dazukommen.

Der Hinterleib birgt die Verdauungs- und Fortpflanzungsorgane.

Mit den bei vielen Arten mit feinen Tasthaaren besetzten Fühlern werden Feuchtigkeit, Wärme und sogar Gerüche wahrgenommen.

Brust mit Flügeln und drei Beinpaaren

Kopf mit Fühlern, Augen und Mundwerkzeugen

Die Augen sitzen bei Insekten seitlich am Kopf, sodass das Sehfeld sehr weit nach hinten reicht. Bei Libellen besteht das Auge aus 30 000 winzigen Einzelaugen, Bienen dagegen besitzen nur 5000 Einzelaugen. Bei manchen Arten befinden sich vorne am Kopf zusätzlich noch drei Punktaugen (Ocellen).

Die Trommelfelle befinden sich bei Insekten nicht unbedingt am Kopf. Kurzfühlerschrecken haben ihre »Ohren« am Hinterleib, bei den Langfühlerschrecken sitzen sie am vorderen Beinpaar.

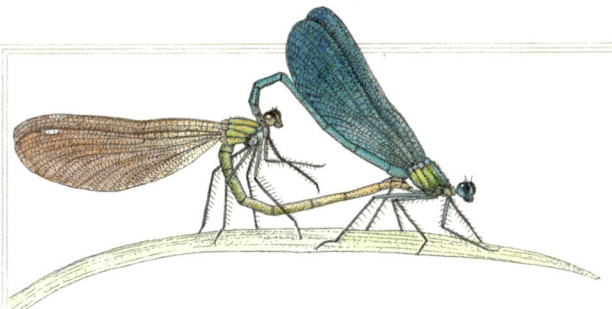

Insekten sind wechselwarme Tiere: Ihre Körpertemperatur entspricht der ihrer Umgebung.
Um sich aufzuwärmen, setzen sie sich der Sonne aus. Wird es ihnen zu heiß, gehen sie in den
Schatten. Im Winter verfallen sie je nach Art in Winterstarre oder sterben.
Nach dem Schlüpfen machen viele Insektenarten eine Reihe von Verwandlungen durch
(Metamorphose) und entwickeln sich von der Larve über die Puppe zur erwachsenen Form
oder Imago.
Bestimmte Gruppen aber, wie Langfühlerschrecken, Schaben und Wanzen, entwickeln sich ohne
Larven- und Puppenstadium. Ihre Metamorphose erfolgt allmählich oder »unvollkommen«.

*Die Metamorphose
beim Schmetterling*

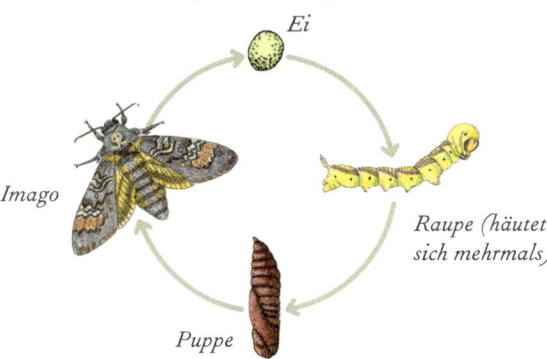

Ei

*Raupe (häutet
sich mehrmals)*

Puppe

Imago

INHALT

Die Insekten werden in diesem Buch nach Ordnungen vorgestellt: Käfer, Schmetterlinge …
Wird kein Kontinent erwähnt, handelt es sich um ein europäisches Insekt.

Bei allen Insekten, die nicht in natürlicher Größe
gezeichnet sind, ist ein Umriss im Maßstab 1:1 abgebildet.

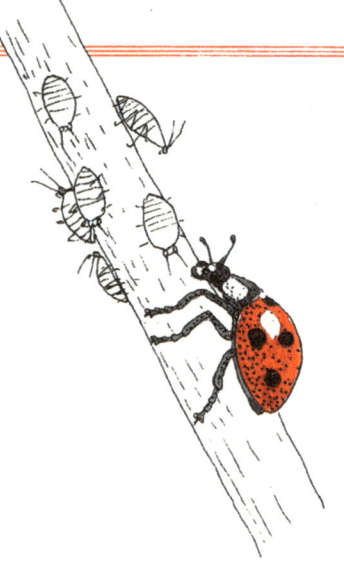

Marienkäfer

Allen Marienkäferarten gemeinsam
sind die halbkugelige Körperform
und die kurzen Fühler. Sie fressen
Blattläuse. Deshalb gelten sie im
Garten als Nützlinge.

Abb. 1

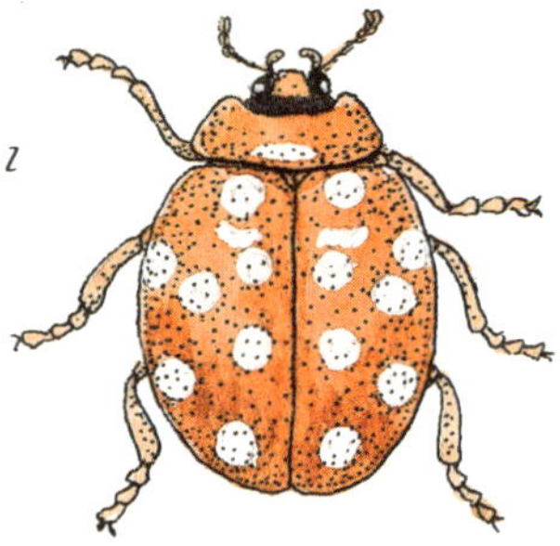

Abb. 2

Abb. 3

Vierzehntropfiger Marienkäfer

Calvia quatuordecimguttata

Länge: 5 mm

Orangefarbener oder
schwarzer Marienkäfer
mit vorgewölbten
schwarzen Augen.

Vierzehnpunkt-Marienkäfer

Propylea quatuordecimpunctata

Länge: 6 mm

Einige seiner Punkte
verschmelzen zu
schwarzen Bändern.

Asiatischer Marienkäfer

Harmonia axyridis

Länge: 8 mm

Dieser große rote, orangefarbene,
schwarze oder gelbe Marienkäfer
wurde nach Europa eingeführt,
weil er große Mengen an Blatt-
läusen vertilgt. Leider aber frisst
er auch reifes Obst und die Larven
europäischer Marienkäferarten.

Abb. 4

Augenmarienkäfer

Anatis ocellata

Länge: 10 mm

Dieser große Marienkäfer,
dessen Punkte an Augen
erinnern, kommt sowohl in
Europa als auch in Nord-
amerika vor.

Siebenpunkt-Marienkäfer

Coccinella septempunctata

Länge: 7 mm

Hinter dem Kopf
hat diese Art zwei
weiße Flecken.

Abb. 5

Der Rosenkäfer auf dieser
Blüte ist in natürlicher
Größe abgebildet.

Goldglänzender Rosenkäfer

Cetonia aurata

Länge: 20 mm

Metallisch grün, manchmal auch ein wenig rot
oder blau schillert dieser Käfer. Seine Flügeldecken
bleiben sogar beim Fliegen geschlossen, er hebt
sie nur leicht an, um die Hinterflügel zu entfalten.
Er ernährt sich von Pollen, vor allem von dem der
Rosen und Obstbaumblüten. Seine Larve lebt in
faulendem Holz und Kompost.

Abb. 1

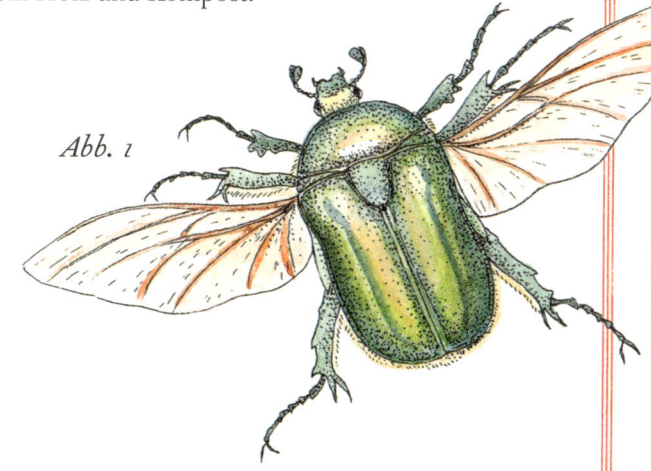

Heiliger Pillendreher

Scarabaeus sacer

Länge: 30 mm

Dies ist der größte aller Pillendreher.
Der vordere Rand des Kopfes und die
Vorderbeine sind gezackt. Das erleichtert
es ihm, Dung zu Kugeln zu formen. Mit
den krummen Hinterbeinen glättet er diese
und rollt sie über den Boden. In die Kugeln
legt das Weibchen jeweils ein Ei. Die
daraus geschlüpften Larven ernähren sich
vom Dung. Auch die erwachsenen Käfer
fressen Dung und helfen der Natur so beim
»Recycling«.

Abb. 2

Feldmaikäfer mit Larve

Melolontha melolontha

Länge: 30 mm

Die Engerling genannte weiße Larve verbringt drei Jahre in der Erde, wo sie sich zweimal häutet. Sie ernährt sich von Wurzeln und kann so Nutzpflanzen schädigen. Tiere wie Igel, Maulwurf, Laufkäfer und Frösche fressen Engerlinge und gelten daher als Nützlinge.
Die erwachsenen Maikäfer krabbeln im Frühling aus der Erde. Ihr Käferleben dauert nur einen Monat. Oft suchen sie in großer Zahl Bäume auf, um Laub zu fressen und sich zu paaren.

Dieser Goliathkäfer ist
in natürlicher Größe
abgebildet.

Goliathkäfer

Goliathus goliatus

Länge: Männchen 100 mm,
Weibchen 80 mm

Dieses Mitglied der Familie der Blatt-
hornkäfer lebt in der Kronenregion
afrikanischer Regenwälder. Mit bis zu
100 Gramm Gewicht zählt der Goliathkäfer zu den schwersten Käfern der Welt.
Der Halsschild ist auffällig schwarz-weiß
gestreift, die Flügeldecken liegen dicht
am Hinterleib auf. Die Männchen tragen
vorne am Kopf ein gegabeltes Horn.

Großer Eichenbock (Heldbock)

Cerambyx cerdo

Länge: 53 mm

Der Lebensraum des Großen Eichenbocks sind alte Eichen, doch weil alte Eichen immer seltener werden, sind diese Käfer bei uns vom Aussterben bedroht. Sie graben Gänge in das Holz, in denen sie sich vor dem Tageslicht verstecken. Indem er zwei Teile seiner Brust aneinanderreibt, erzeugt der Große Eichenbock ein schrillendes Geräusch. Man bekommt ihn am ehesten im Juni und Juli zu sehen.

Dieser Alpenbock
ist in natürlicher
Größe abgebildet.

Alpenbock

Rosalia alpina

Länge: 38 mm

Dieser Waldbewohner besitzt auffallend
lange blaue Fühler, an denen in regelmäßigen
Abständen Büschel schwarzer Härchen
sitzen. Der lange Körper ist abgeflacht und
graublau, mit schwarzen Flecken auf den
Flügeldecken. Dieser Käfer, der Buchen
bevorzugt, kommt nicht nur in den Alpen,
sondern in mehreren Ländern Mittel- und
Südeuropas vor. Die Art ist stark gefährdet
und darf nicht gefangen werden.

Ein Schwarz-
specht sucht
nach Käferlarven.

Ameisenbuntkäfer

Thanasimus formicarius

Länge: 10 mm

Man sieht ihn oft auf gefällten Baumstämmen, die noch von Rinde bedeckt sind, bevorzugt auf Kiefern. Er jagt kleinere Käfer, vor allem Borkenkäfer, die er auf den Rücken dreht und auffrisst. Ursprünglich aus Europa, Asien und Nordafrika stammend, wurde er in Nordamerika eingeführt. Seinen Namen verdankt er der Ähnlichkeit mit einer Ameise.

Haselnuss-bohrer

Curculio nucum

Länge: 12 mm

Der hier abgebildete Haselnussbohrer ist ein Männchen, denn sein Rüssel ist recht kurz. An der Rüsselmitte trägt er zwei Fühler, am Rüsselende kleine Mundwerkzeuge. Sein Körper ist von kleinen beigefarbenen Schuppen bedeckt. Beim Weibchen ist der Rüssel länger als der Körper. Mit dem Rüssel bohrt es im Frühjahr Löcher in die noch grünen Haselnüsse, um darin seine Eier abzulegen. Findet man im Herbst eine reife Haselnuss mit einem Loch in der Schale, so weiß man, dass darin eine Haselnussbohrerlarve gelebt hat. Sie verlässt im Herbst die Nuss, wenn diese auf den Boden fällt, und gräbt sich im Boden ein.

Abb. 1

Diese Kartoffelkäfer sind in natürlicher Größe abgebildet.

Kartoffelkäfer

Leptinotarsa decemlineata

Länge: 11 mm

Dieser ungefähr vor 140 Jahren aus Nordamerika bei uns eingeschleppte Käfer mit gelb-schwarz gestreiften Flügeldecken frisst die Blätter der Kartoffelpflanze. Die erwachsenen Käfer überwintern im Boden. Die Weibchen legen ihre Eier auf den Kartoffelblättern ab. Die Larven sind beim Schlüpfen rot. Später verfärben sie sich orange und verpuppen sich in der Erde, bevor sie drei Wochen später als erwachsene Käfer wieder zum Vorschein kommen.

Abb. 2

Dieser Hirschkäfer ist in natürlicher Größe abgebildet.

Hirschkäfer

Lucanus cervus

Länge: Männchen etwa 75 mm, Weibchen 35 mm

Beim Männchen dieser Käferart sind die Mundwerkzeuge sehr stark entwickelt und erinnern in ihrer Form an ein Hirschgeweih. Mit ihnen kann das Tier weder beißen noch etwas packen, aber es setzt sie ein, um in der Paarungszeit Rivalen zu verjagen. Mit seinen kleinen Mundwerkzeugen sieht das Weibchen dem Männchen nicht sehr ähnlich. Hirschkäfer leben in Eichenwäldern und ernähren sich vom Saft dieser Bäume. Vor allem in der Abenddämmerung kann man sie fliegen sehen. Etwa fünf Jahre verbringen sie im Larvenstadium. Ihr Leben als erwachsene Käfer dauert nur ein bis zwei Monate.

Feld-Sandlaufkäfer

Cicindela campestris

Länge: 15 mm

Die Flügeldecken dieses hübschen Käfers sind grün mit weißen Flecken. Die Oberseite seines dicken Kopfes und seine Beine sind kupferrot, die großen Augen stehen weit vor.

Die Larven dieser Art werden 30 Millimeter lang. Sie graben sich senkrechte Röhren in die Erde und lauern darin ihrer Beute auf. Die erwachsenen Käfer leben ebenfalls räuberisch. Mit den langen Beinen laufen sie ihrer Beute hinterher. In den Fühlern sind Tast-, Geruchs- und Geschmackssinn untergebracht.

Tagfalter

Abb. 1

Dieser Trauermantel ist in natürlicher Größe abgebildet.

Trauermantel

Nymphalis antiopa

Spannweite: 75 mm

Der große Edelfalter mit den dunklen, von blauen Tupfen eingefassten und hell gesäumten Flügeln kommt sowohl in Europa als auch in Nordamerika und Asien vor. Man begegnet ihm in Wäldern, aber auch in feuchten Zonen und vor allem in der Nähe von Weiden und Birken, die er besonders nach der Überwinterung gerne aufsucht. Leider ist diese Art heutzutage selten geworden.

Marpesia marcella

Spannweite: 34 mm

Die Hinterflügel dieses Edelfalters tragen lange Schwanzfortsätze. Er lebt in tropischen Regenwäldern Südamerikas.

Abb. 2

– Tafel 11 –

Apollofalter

Parnassius apollo

Spannweite: 70 mm

Dieser große Ritterfalter mit den schwarzen und roten Augenflecken lebt auf felsigen Bergwiesen Europas und Zentralasiens. Sein Körper ist dicht mit haarigen Schuppen besetzt. Besonders anziehend wirkt auf ihn der Nektar violetter Blüten. Deshalb sieht man ihn oft auf Distelblüten sitzen. Die Art ist bei uns stark gefährdet und daher streng geschützt.

Dieser Monarchfalter
ist in natürlicher Größe
abgebildet.

Monarchfalter

Danaus plexippus

Spannweite: 120 mm

Diese Edelfalter mit den
orangefarbenen, schwarz geäderten
Flügeln versammeln sich zweimal
im Jahr zu riesigen Schwärmen, um
von den Großen Seen im Norden
der USA in den 4000 Kilometer
entfernten Südwesten Mexikos und
zurück zu fliegen.

– *Tafel 13* –

Chrysiridia rhipheus

Spannweite: 90 mm

Dieser farbenprächtige Uraniafalter
ist in Madagaskar heimisch. Seine
Hinterflügel tragen hellblaue und weiße
Schwanzfortsätze. Er wandert zwischen
den Regenwäldern an der West- und
Ostseite der Insel hin und her und lebt
auf Lianen. Die Madagassen glauben,
dass die Seelen der Verstorbenen zu
diesen Schmetterlingen werden, und
töten sie daher niemals.

— Tafel 14 —

Abb. 1

Admiral

Vanessa atalanta

Spannweite: 64 mm

Diesen rot gebänderten Edelfalter trifft man in gemäßigten Breiten der Nordhalbkugel an. Er ernährt sich von Blütennektar und dem Saft von Früchten.

Abb. 4

Mauerfuchs

Lasiommata megera

Spannweite: Männchen 45 mm, Weibchen 50 mm

Dieser Edelfalter der gemäßigten Breiten ist orangegelb mit brauner Zeichnung. Auf Vorder- und Hinterflügeln trägt er schwarze Augenflecke mit weißem Kern. Der Mauerfuchs sitzt oft auf sonnigen Wegen, um sich aufzuwärmen.

Aurorafalter

Anthocharis cardamines

Spannweite: 45 mm

Männchen sind oberseits weiß und orange, Weibchen weiß. Die Art lebt auf Wiesen und am Waldrand.

Abb. 7

Abb. 2

Zitronenfalter

Gonepteryx rhamni

Spannweite: 45 mm

Die Flügel dieses Weißlings sind wie Blätter geformt. Beim Männchen sind sie zitronengelb, beim Weibchen blassgelb bis grünlich. Fängt man einen Zitronenfalter, stellt er sich tot. Er ist in Europa und Nordafrika verbreitet.

Abb. 5

Hauhechel-Bläuling

Polyommatus icarus

Spannweite: 35 mm

Bei den Männchen dieses Bläulings sind die Oberseiten der Flügel blau, bei den Weibchen braun. Der Hauhechel-Bläuling liebt die Blüten von Hülsenfrüchtlern, oft trifft man ihn in der Nähe von Misthaufen an. Heimisch ist er in Europa, Asien und Nordafrika.

 Abb. 8

Tagpfauenauge

Inachis io

Spannweite: 60 mm

Auffällig sind die großen Augenflecken auf rostrotem Grund.

Abb. 3

Großer Kohlweißling

Pieris brassicae

Spannweite: 33 mm

Das Weibchen legt seine Eier auf Kohlblättern ab, die den Raupen als Nahrung dienen.

Abb. 6

Kleiner Fuchs

Aglais urticae

Spannweite: 55 mm

Die orangefarbenen, schön gezeichneten Flügel dieses Edelfalters sind schwarz gesäumt. Seine Raupen ernähren sich ausschließlich von Brennnesselblättern.

Abb. 9

Schwalbenschwanz mit Raupe

Papilio machaon

Spannweite: 50 mm

Die Flügel sind auffällig hellgelb-schwarz gemustert, die Hinterflügel tragen Schwanzfortsätze. Er fliegt weite Strecken im Segelflug.

C-Falter

Polygonia c-album

Spannweite: 50 mm

Die Flügelränder dieses Edelfalters sehen wie kunstvoll ausgeschnitten aus. Faltet er sie zusammen, ähneln sie braunen Blättern, sind aber mit einem kleinen weißen C gezeichnet. Er lebt in Europa, Nordafrika, China und Japan an Hecken und auf Lichtungen.

Abb. 10

Spanische Flagge

Euplagia quadripunctaria

Abb. 12

Spannweite: 55 mm

Dieser Bärenspinner fliegt sowohl tagsüber als auch nachts durch lichte Wälder und Buschland. Wenn er ruht, verdecken die Vorderflügel die Hinterflügel, sodass sein Umriss dreieckig ist.

Abb. 11

Segelfalter

Iphiclides podalirius

Spannweite: Männchen 50 mm, Weibchen 70 mm

Der große schwarz gestreifte Ritterfalter hält sich gerne dort auf, wo es viele Blüten gibt. Man trifft ihn auch auf Bergwiesen bis in 2000 Meter Höhe an.

Abb. 13

Kaisermantel

Argynnis paphia

Spannweite: 65 mm

Der Kaisermantel ist ein großer Edelfalter mit orangefarbenen und schwarz getupften Flügeln. Er ist oft auf Waldlichtungen anzutreffen und saugt gern Nektar von Dost und Disteln. Heimisch ist er in Europa, den gemäßigten Regionen Asiens und auch in Nordafrika. Seine Raupen ernähren sich vorwiegend von Veilchenblättern.

Großer Schillerfalter

Apatura iris

Abb. 14

Spannweite: 70 mm

Das Männchen dieser Edelfalterart hat metallisch blaue, das Weibchen bräunlich schillernde Flügel. Beide Geschlechter tragen ein auffälliges V-förmiges weißes Band. Die Art braucht Weiden als Nahrungspflanzen für die Raupen. Sie kommt in Europa, Zentralasien, China und Japan vor.

Die Schmetterlinge auf dieser Tafel sind nicht in natürlicher Größe abgebildet.

Nachtfalter

Totenkopfschwärmer

Acherontia atropos

Spannweite: 90 bis 120 mm

Seinen Namen verdankt dieser Schwärmer
der Zeichnung auf seinem Brustschild, die
einem Totenkopf ähnelt. Wenn er aufgeregt
ist, erzeugt er in seinem Mundraum ein
pfeifendes Geräusch. Er ernährt sich von
Bienenhonig, den er stehlen kann, weil
er gegen das Gift der Bienen immun ist.
Totenkopfschwärmer sind im tropischen
Afrika heimisch, fliegen von dort aus aber bis
nach Europa.

Abb. 1

Abb. 2

Seidenspinner

Bombyx mori

Spannweite: 45 mm

Der Seidenspinner ist ein weißer
Nachtfalter mit dreieckigen Flügeln.
Das Weibchen legt die Eier auf
Maulbeerblättern ab, von denen
sich die Raupen (»Seidenraupen«)
ernähren. Bevor sie sich verpuppen,
spinnen sich die Raupen in
Seidenkokons ein. Wegen ihrer Seide
werden Seidenspinner seit vielen
Jahrhunderten gezüchtet. Um ein
Kilo Seide zu erhalten, braucht man
acht bis zehn Kilo dieser Kokons.
Jeder Kokon besteht aus einem
einzigen, ungefähr 1500 Meter
langen Seidenfaden.

– Tafel 16 –

Auf dieser Tafel sind alle Schmetterlinge, aber nicht die Raupen, in natürlicher Größe abgebildet.

Abb. 1

Graphium weiskei

Spannweite: 70 mm

Dieser Ritterfalter mit violett schillernden Flügeln lebt im Hochland von Neuguinea in Höhen von bis zu 2400 Metern.

Abb. 2

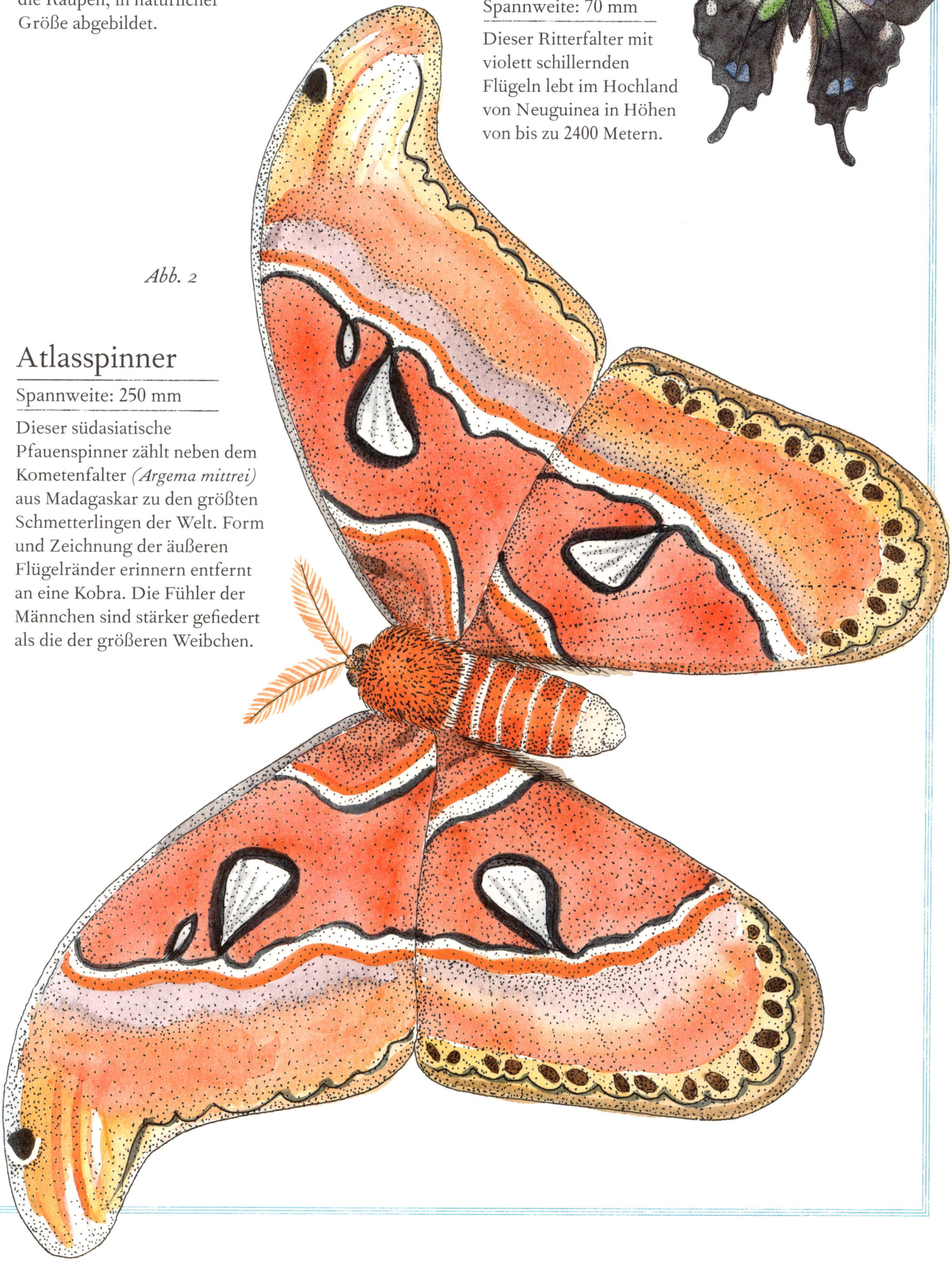

Atlasspinner

Spannweite: 250 mm

Dieser südasiatische Pfauenspinner zählt neben dem Kometenfalter *(Argema mittrei)* aus Madagaskar zu den größten Schmetterlingen der Welt. Form und Zeichnung der äußeren Flügelränder erinnern entfernt an eine Kobra. Die Fühler der Männchen sind stärker gefiedert als die der größeren Weibchen.

Gemeine Stechmücke mit Larve

Culex pipiens

Länge: 8 mm

Wie alle Arten der Ordnung der Zweiflügler besitzt auch diese Stechmücke nur zwei schmale Flügel. In Ruhe faltet sie ihre Flügel auf dem Rücken zusammen. Die Fühler sind lang und beim Männchen gefiedert. Das Weibchen besitzt einen langen, starren Rüssel, mit dem es stechen und Blut saugen kann. Das tut es im Sommer nur zweimal pro Woche und im Winter alle 14 Tage. Das Blut benötigt es, um Eier zu produzieren. Das Männchen ernährt sich nur von Blütennektar und dem Saft von Früchten. In Mitteleuropa gibt es ungefähr 110 Stechmückenarten.

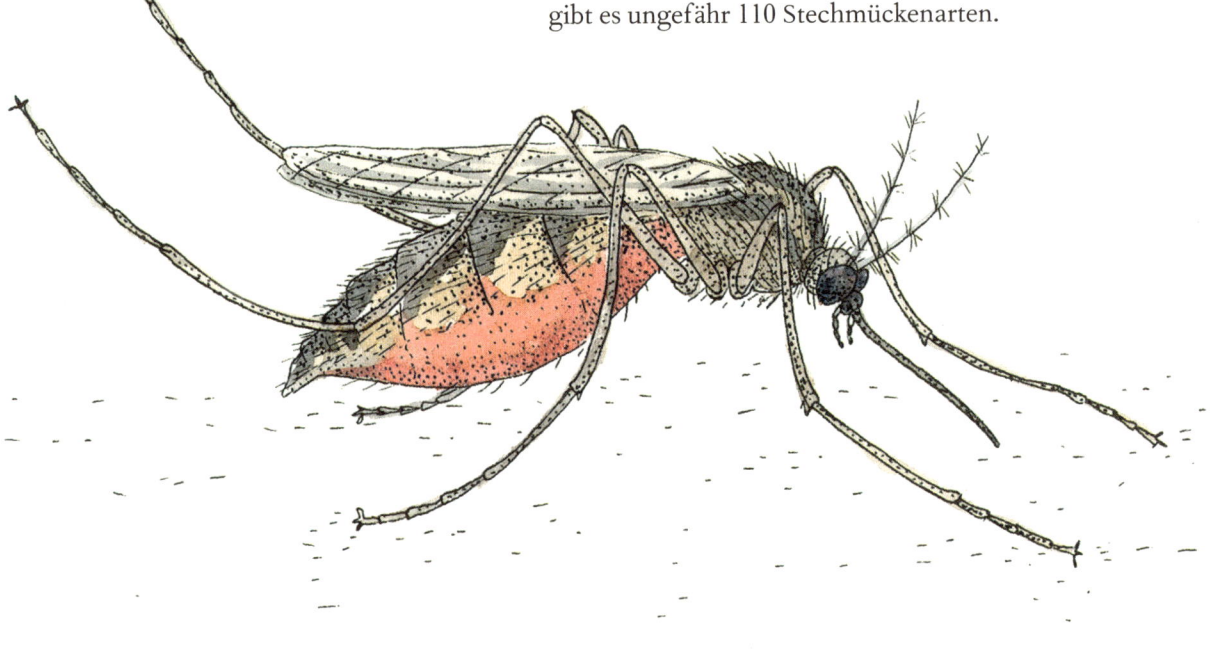

In den Entwicklungsstadien Ei, Larve und Puppe leben Mücken im Wasser.

– Tafel 17 –

Stubenfliege

Musca domestica

Länge: 8 mm

Fliegen leben in der Nähe des Menschen: Man trifft sie so gut wie überall auf der Welt an. Ihre Brust ist grau und auf der Oberseite gestreift, Brust und Hinterleib sind von Härchen bedeckt. Mithilfe zweier kleiner Tupfer am Rüsselende nimmt sie ihre Nahrung auf. Wenn diese allzu fest ist, kann die Fliege sie mit Speichel aufweichen. Ihre Lebenserwartung beträgt zwei bis vier Wochen. Zwischen den Borsten an ihren Füßen sitzen Drüsen, die eine klebrige Flüssigkeit absondern. Diese ermöglicht es der Fliege, auf senkrechten Flächen oder an der Zimmerdecke zu sitzen und zu laufen. Im Flug erzeugt sie ein summendes Geräusch.

Abb. 1

Hornissenschwebfliege

Volucella zonaria

Länge: 20 mm

Die Hornissenschwebfliege fliegt geschickt und ausdauernd. Mit ihrem schwarz und gelb oder orange gestreiften Hinterleib ähnelt sie Bienen und Hornissen und schreckt dadurch mögliche Fressfeinde ab. Weil sie sich von Nektar ernährt, sieht man sie oft im Schwebflug über Blüten. Sie lebt an Wiesen und Wäldern. Ihre Larven entwickeln sich in Wespennestern. Auch sie summt im Flug.

Abb. 2

Gemeine Wespe

Vespula vulgaris

Länge 17 mm (Königin 20 mm)

Mit dem schwarzgelb gestreiften
Hinterleib, den beiden Flügelpaaren,
die sie in Ruhe am Rücken anlegt, ihrem
Stachel und den großen Facettenaugen
ist die Wespe unverwechselbar. Wespen
bilden organisierte Staaten und leben
in Nestern, die sie aus zerkauten
Holzfasern bauen. Sie ernähren sich
räuberisch von Raupen und anderen
Insekten. Weil viele davon als Schädlinge gelten, zählen Wespen zu den
Nützlingen. Wespen können mehrmals
stechen, ohne zu sterben oder ihren
Stachel zu verlieren. Weltweit kennen
wir 4000 Wespenarten.

– Tafel 19 –

Westliche Honigbiene

Apis mellifera

12 mm (Königin: 20 mm)

Die Staaten der Bienen sind noch komplexer aufgebaut als die der Wespen. Honigbienen ernähren sich von Nektar, den sie mit ihrem Rüssel aus Blüten saugen. Dabei sammeln sie in den »Körbchen« an ihren Hinterbeinen Pollen, der als Nahrung für die Larven dient. Im Winter leben die Bienen von dem im Nest oder Bienenhaus gelagerten Honig. Honigbienen stammen aus Südostasien und werden weltweit wegen ihres Honigs gehalten. Sie stechen, wenn sie sich bedroht fühlen, und sterben gleich nach dem Stich.

– Tafel 20 –

Abb. 1

Rote Feuerameise

Solenopsis invicta

Länge: 2 bis 7 mm

Diese roten Ameisen beißen zwar, spritzen aber ihr Gift mit einem Stachel in ihre Opfer. Diejenige Feuerameise, die als Erste angreift, sondert Pheromone (chemische Botenstoffe) ab, die weitere Artgenossen zur Unterstützung beim Angriff herbeilocken.

Diese Ameisenart stammt aus Südamerika, wurde aber auch in Nordamerika, Ozeanien und Südasien eingeführt. Sie ernährt sich von Pflanzen und Insekten sowie von jungen Vögeln, die noch im Nest sitzen. Die einst zur Bekämpfung von Schädlingen in viele Regionen eingeführten Feuerameisen sind heute selbst eine Plage, da sie sehr aggressiv sind.

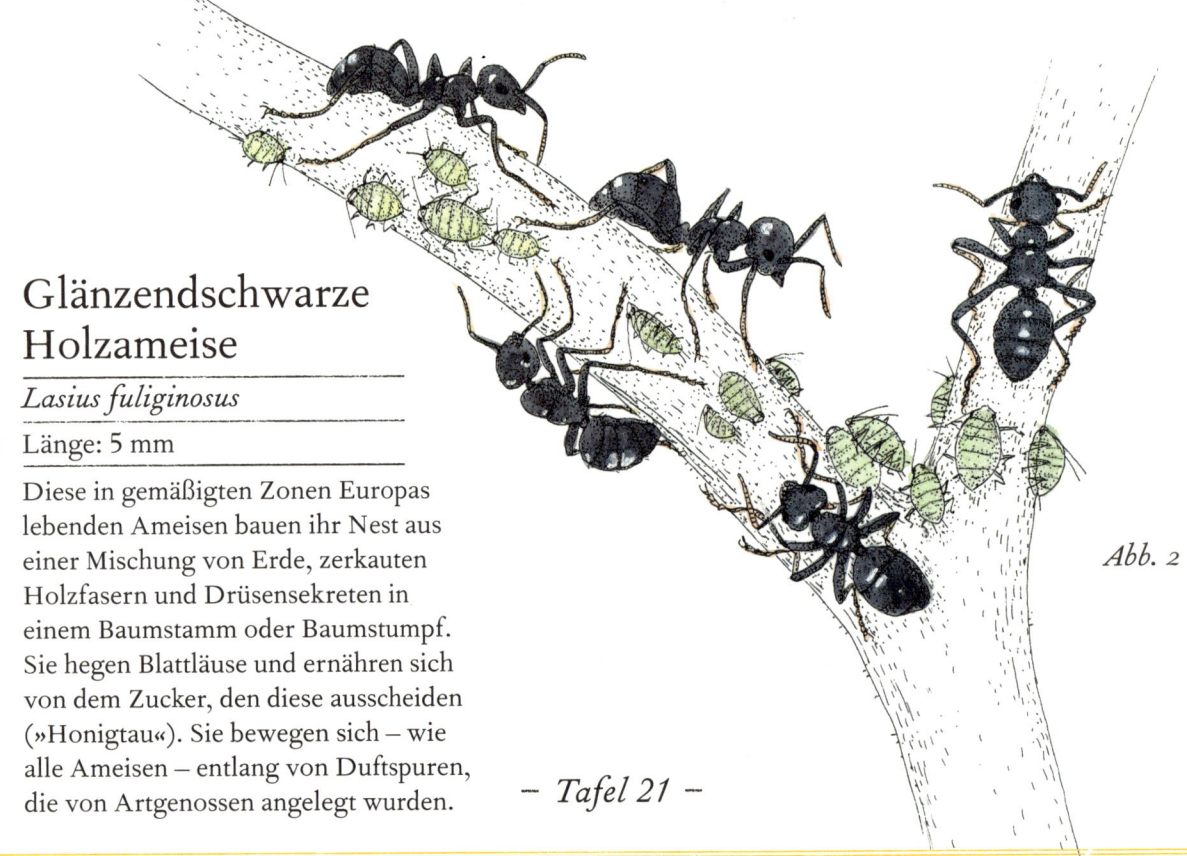

Glänzendschwarze Holzameise

Lasius fuliginosus

Länge: 5 mm

Diese in gemäßigten Zonen Europas lebenden Ameisen bauen ihr Nest aus einer Mischung von Erde, zerkauten Holzfasern und Drüsensekreten in einem Baumstamm oder Baumstumpf. Sie hegen Blattläuse und ernähren sich von dem Zucker, den diese ausscheiden (»Honigtau«). Sie bewegen sich – wie alle Ameisen – entlang von Duftspuren, die von Artgenossen angelegt wurden.

Abb. 2

— Tafel 21 —

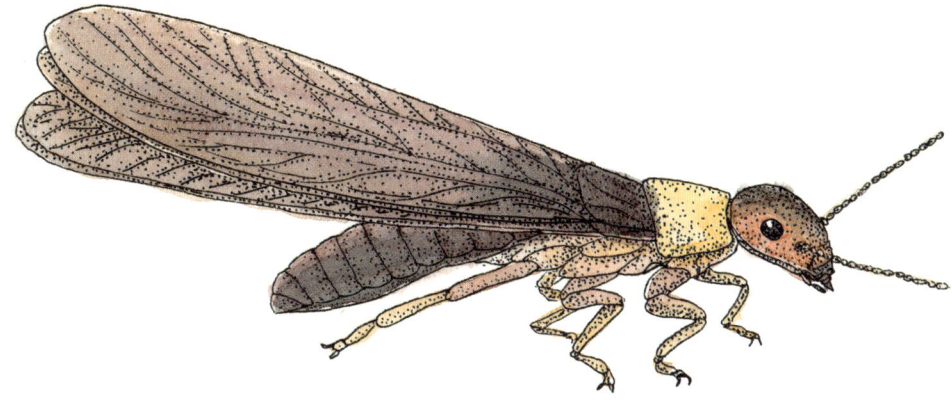

Gelbhalstermite

Kalotermes flavicollis

Länge: 3 mm

Diese Termite ist eine der zwei in Europa heimischen Arten und lebt im Mittelmeerraum. Termitenstaaten sind die komplexesten aller Insektenstaaten. Das unter der Erde oder im Unterholz angelegte Nest besteht jahrelang. In ihm leben ein König, eine Königin, die kleinen Arbeiter und die Soldaten, die einen dicken Kopf und kraftvolle Mundwerkzeuge besitzen. Geschlechtsreife junge Termiten haben vor dem Ausschwärmen zwei Flügelpaare, die sie bei der Gründung eines neuen Staates wieder abwerfen. Termiten sind xylophag, d.h., sie ernähren sich von Holz.

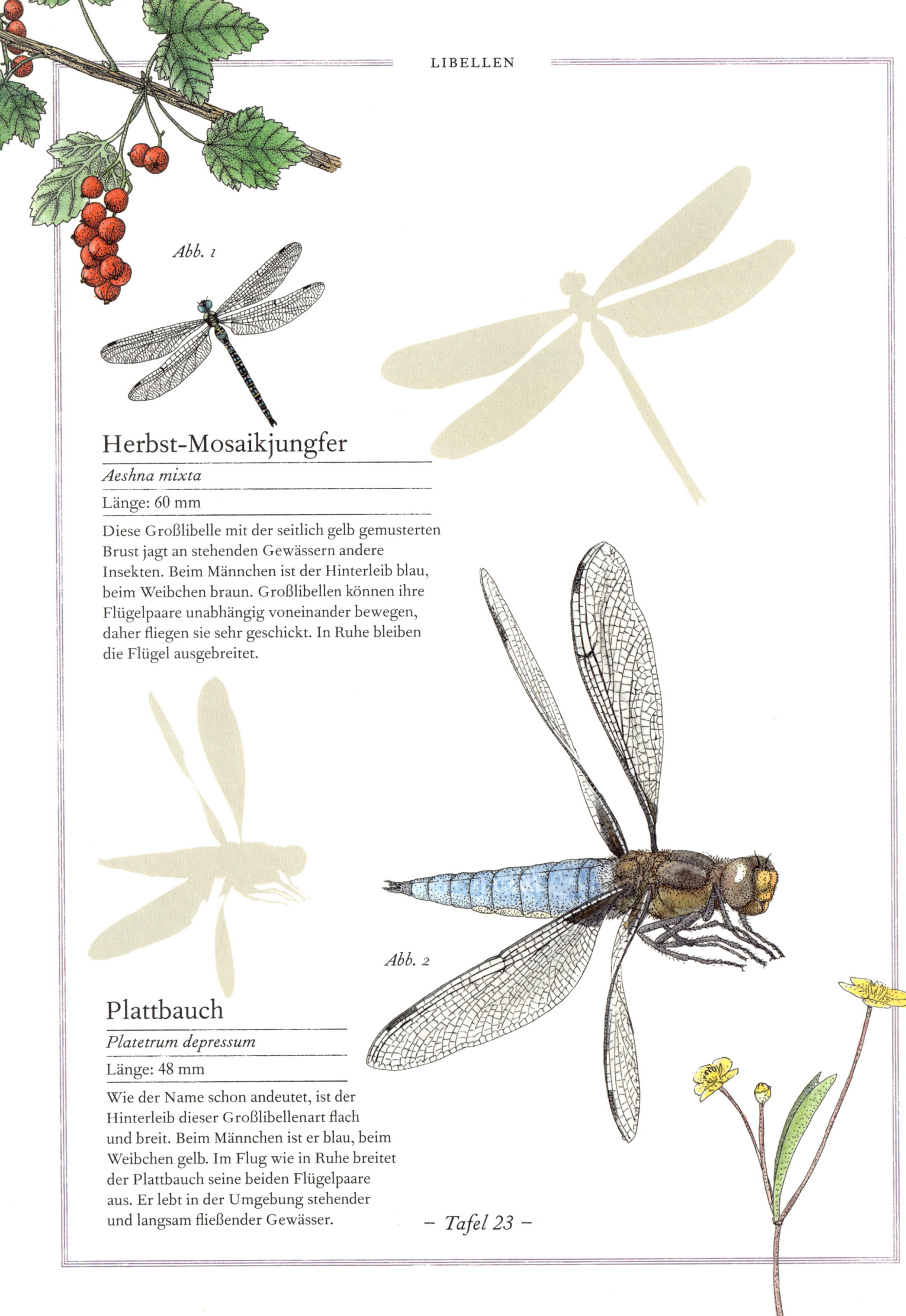

Abb. 1

Herbst-Mosaikjungfer

Aeshna mixta

Länge: 60 mm

Diese Großlibelle mit der seitlich gelb gemusterten Brust jagt an stehenden Gewässern andere Insekten. Beim Männchen ist der Hinterleib blau, beim Weibchen braun. Großlibellen können ihre Flügelpaare unabhängig voneinander bewegen, daher fliegen sie sehr geschickt. In Ruhe bleiben die Flügel ausgebreitet.

Abb. 2

Plattbauch

Platetrum depressum

Länge: 48 mm

Wie der Name schon andeutet, ist der Hinterleib dieser Großlibellenart flach und breit. Beim Männchen ist er blau, beim Weibchen gelb. Im Flug wie in Ruhe breitet der Plattbauch seine beiden Flügelpaare aus. Er lebt in der Umgebung stehender und langsam fließender Gewässer.

– Tafel 23 –

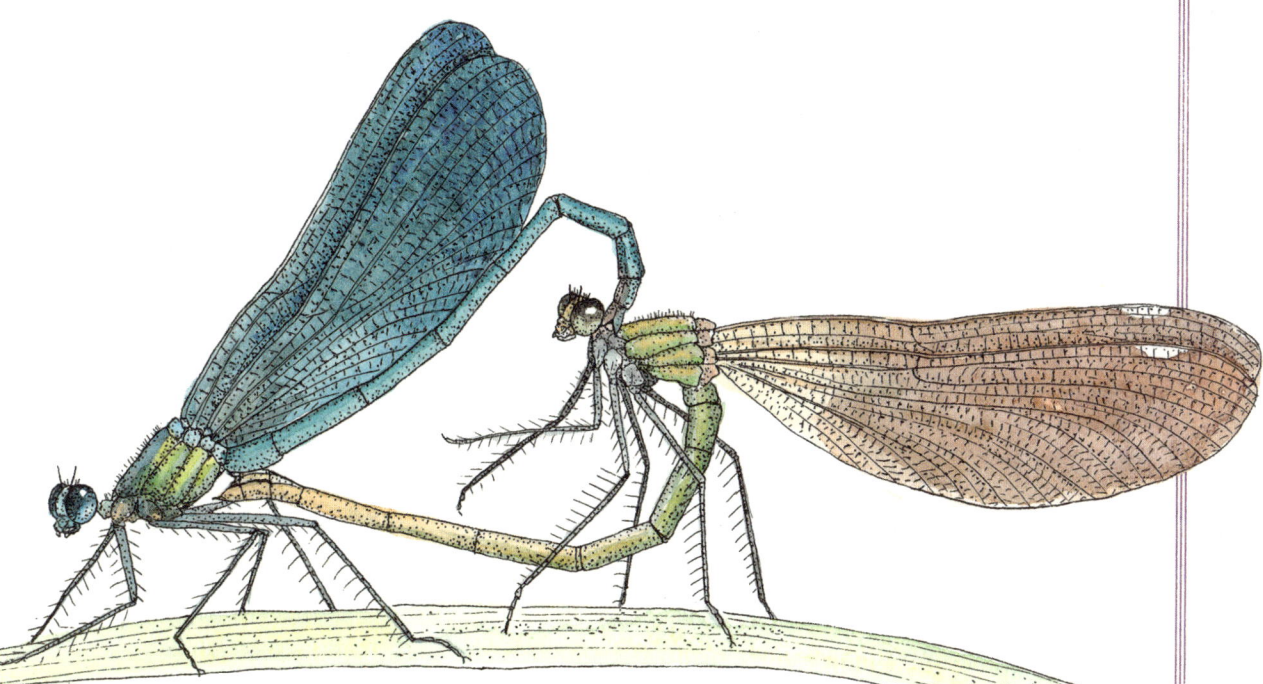

Blauflügel-Prachtlibelle

Calopteryx virgo

Länge: 49 mm

Wenn sie ruht, faltet diese Kleinlibelle
ihre Flügel über dem Rücken (während
Großlibellen wie die Herbst-Mosaikjungfer
und der Plattbauch sie stets ausbreiten).
Sie lebt an Bächen mit bewaldeten Ufern
und jagt Insekten. Die Abbildung zeigt eine
Paarung zwischen Männchen (blau) und
Weibchen (braun).

– Tafel 24 –

Wanzen

Länge: je nach Art von
7 bis 12 mm

Streifenwanze

Graphosoma lineatum

Sie ist thermophil, d.h.,
sie liebt warme Orte.
Häufig sieht man sie auf
Doldenblütlern.

Abb. 1

Kohlwanze

Eurydema oleraceum

Sie saugt den Saft von
Kohlpflanzen.

Abb. 2

Abb. 3

Gemeine Feuerwanze

Pyrrhocoris apterus

Man sieht sie häufig
an sonnigen Stellen
unter Bäumen.

Abb. 4

Lederwanze

Coreus marginatus

Die braune Wanze mit rauem Kopf
und Halsschild legt ihre Eier an
Ampfer- und Knöterichblätter. Man
begegnet ihr in feuchten Wäldern
in Wassernähe. Sie ernährt sich von
Früchten und Pflanzen.

Wasserskorpion

Nepa cinerea

Diese große Wanze lebt im Wasser. Man
findet sie in seichten stehenden Gewässern
in Ufernähe. Sie atmet über das Atemrohr
am Hinterleibsende. Die aufgenommene
Luft wird unter den Deckflügeln gespeichert.
Der Wasserskorpion kann schwimmen, läuft
aber auch oft durch den Schlamm am Grund.
Fliegen sieht man ihn nur selten. Er wird bis zu
25 Millimeter lang (ohne Atemrohr).

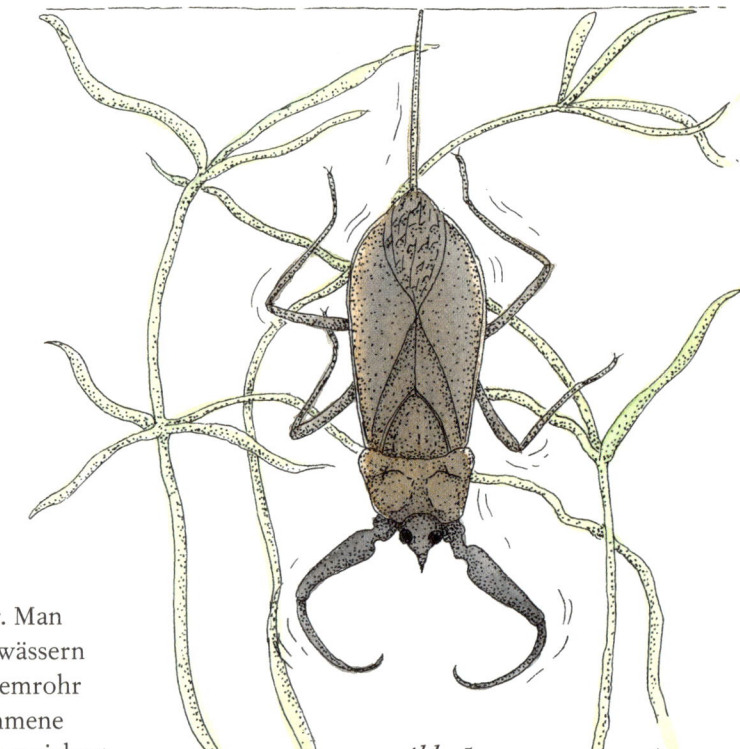

Abb. 5

Deutsche Schabe

Blattella germanica

Länge: 12 mm

Trotz ihres Namens kommt diese Schabe nicht nur in Deutschland vor, sondern ist heute weltweit verbreitet. Mit ihrem ovalen, abgeflachten Körper kann sie sich gut in Spalten und Ritzen zwängen. Sie ist nachtaktiv und flüchtet, sobald sie leichteste Schwingungen wahrnimmt. Sie lebt in größeren Gruppen und sondert Pheromone (Duftstoffe) ab, die weitere Artgenossen herbeilocken. Deutsche Schaben suchen sich warme und feuchte Orte, an denen sie Nahrung in Form von Lebensmitteln, Futter, Abfällen und Abwässern finden.
Es gab diese Art bereits vor 4 Millionen Jahren.

Abb. 1

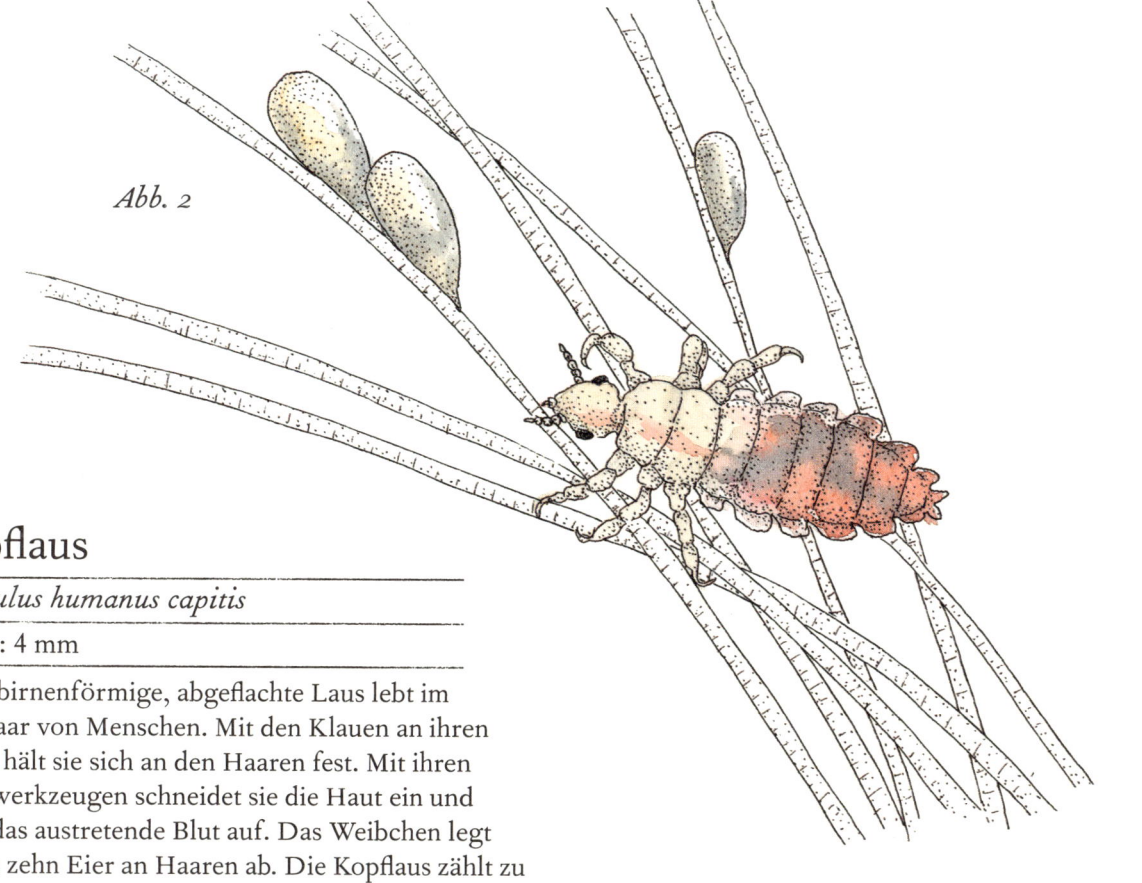

Abb. 2

Kopflaus

Pediculus humanus capitis

Länge: 4 mm

Diese birnenförmige, abgeflachte Laus lebt im Kopfhaar von Menschen. Mit den Klauen an ihren Füßen hält sie sich an den Haaren fest. Mit ihren Mundwerkzeugen schneidet sie die Haut ein und saugt das austretende Blut auf. Das Weibchen legt täglich zehn Eier an Haaren ab. Die Kopflaus zählt zu den Tierläusen, von denen es rund 3500 Arten gibt.

Gemeiner Ohrwurm

Forficula auricularia

Länge: 20 mm

Am Ende des dunkelbraunen Hinterleibs sitzt eine von zwei Anhängen gebildete Zange. Beim Weibchen ist sie nahezu gerade, beim Männchen leicht gekrümmt. Die Weibchen besitzen einen bei Insekten sehr selten zu beobachtenden Mutterinstinkt: Nach der Ablage bewachen und säubern sie die Eier. Der Ohrwurm versteckt sich tagsüber unter Baumrinde oder in Blumen und jagt auch Insekten.

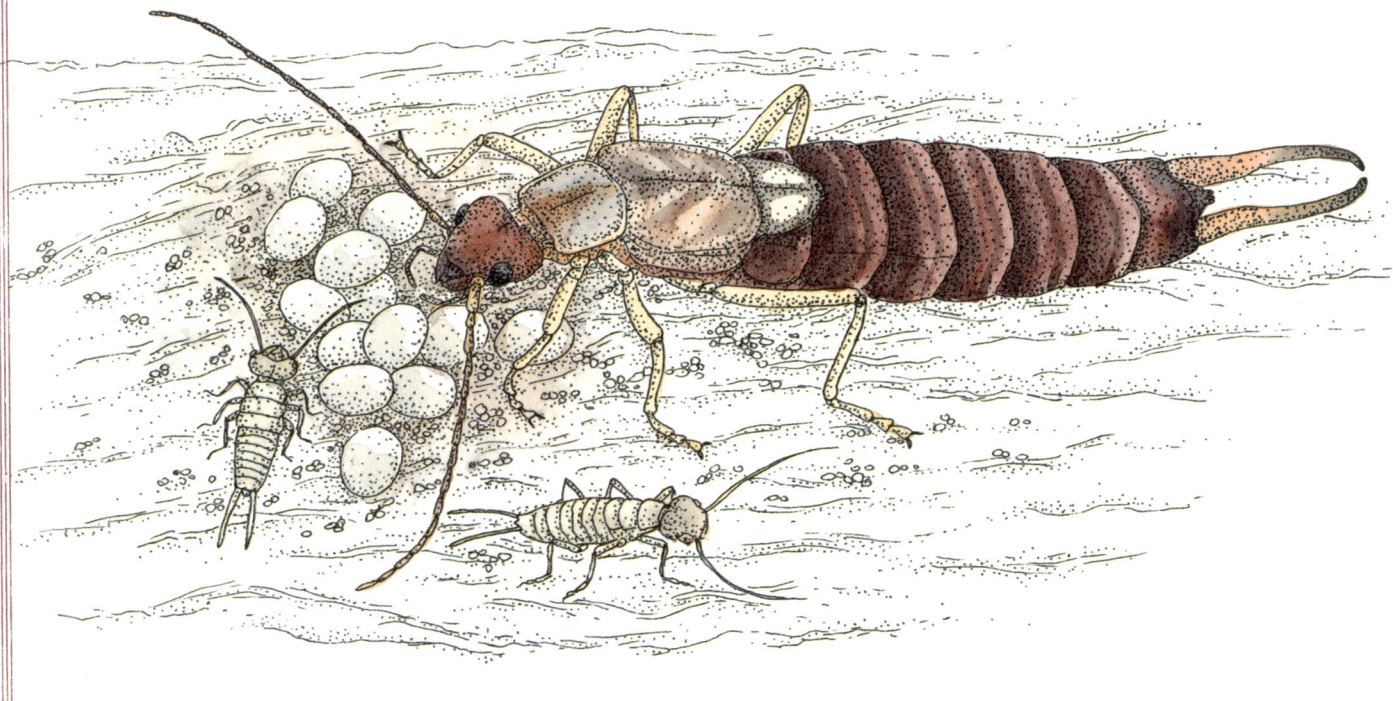

Große Zikade

Lyristes plebejus

Länge: 28 mm

Die Larve dieser Singzikadenart lebt monatelang in der Erde, wo sie Gänge gräbt und sich von Wurzeln ernährt. Nach mehreren Häutungen verlässt sie diesen Lebensraum und klettert auf einen Baum. Hier häutet sie sich zum letzten Mal und tritt in das Erwachsenenstadium ein, in dem sie nur einige Monate lang lebt und sich von Baumsäften ernährt. Das Männchen lockt das Weibchen mithilfe eines Trommelorgans an seinem Hinterleib an, mit dem es das typische Zirpen erzeugt. In Amerika gibt es Singzikadenarten, die bis zu 17 Jahre lang als Larven in der Erde verbleiben.

— Tafel 28 —

Punktierte Zartschrecke

Leptophyes punctatissima

Länge: Männchen 14 mm,
Weibchen 17 mm

Diese Laubheuschrecke mit sehr kurzen Flügeln
und langen Fühlern lebt im Unterholz und Gras,
wo sie mit ihrer grünen Farbe gut getarnt ist.
Sie besitzt beißend-kauende Mundwerkzeuge.
Das Männchen zirpt, indem es die Vorderflügel
aneinanderreibt. Abgebildet ist ein Weibchen.
Mit seiner säbelförmigen Legeröhre am Ende des
Hinterleibs legt es seine Eier in der Erde ab.

Feldgrille

Gryllus campestris

Länge: 27 mm

Mit ihrem leicht abgeflachten Körper
und dem breiten schwarzen Kopf
wirkt die Feldgrille stämmiger als eine
Heuschrecke. Sie läuft eher durch das
Gras, als dass sie springt. Mit ihren
Flügeln kann sie nicht fliegen, aber
zirpen, indem sie sie aneinanderreibt.
Sie ernährt sich von Pflanzenteilen und
kleinen Insekten.

Blauflügelige
Ödlandschrecke

Oedipoda caerulescens

Länge: Männchen 21 mm,
Weibchen 28 mm

Das Männchen dieser bei uns gefährdeten Art
zirpt tagsüber, um Weibchen anzulocken. Man
findet sie an Orten mit niedrigem bis spärlichem
Bewuchs in Europa, Afrika und Asien. Wenn
die Flügel in Ruhe am Hinterleib anliegen,
bemerkt man diese Heuschrecken kaum. Sie
fallen erst ins Auge, wenn sie springen und
dabei die herrlich blauen Hinterflügel entfalten.
Manche Arten der Kurzfühlerschrecken treten
massenhaft als Schädlinge auf.

Europäische Gottesanbeterin

Mantis religiosa

Länge: 80 mm

Die Gottesanbeterin verdankt ihren Namen ihrer besonderen Körperhaltung, bei der sie das vordere, stachelbewehrte Beinpaar wie zum Gebet zusammenlegt. Den dreieckigen Kopf kann sie so weit drehen, dass sie hinter sich schauen kann. Ihre Augen sind auffällig groß, der Halsschild ist lang. Sie lebt räuberisch, ist tagaktiv und kann fliegen.

Sie ist eine gute Jägerin und zerkleinert die Insekten, die sie fängt, mit ihren beißend-kauenden Mundwerkzeugen. Mitunter frisst das Weibchen nach der Paarung das Männchen. Die Europäische Gottesanbeterin ist in Europa, Asien und Nordamerika verbreitet.

– Tafel 32 –

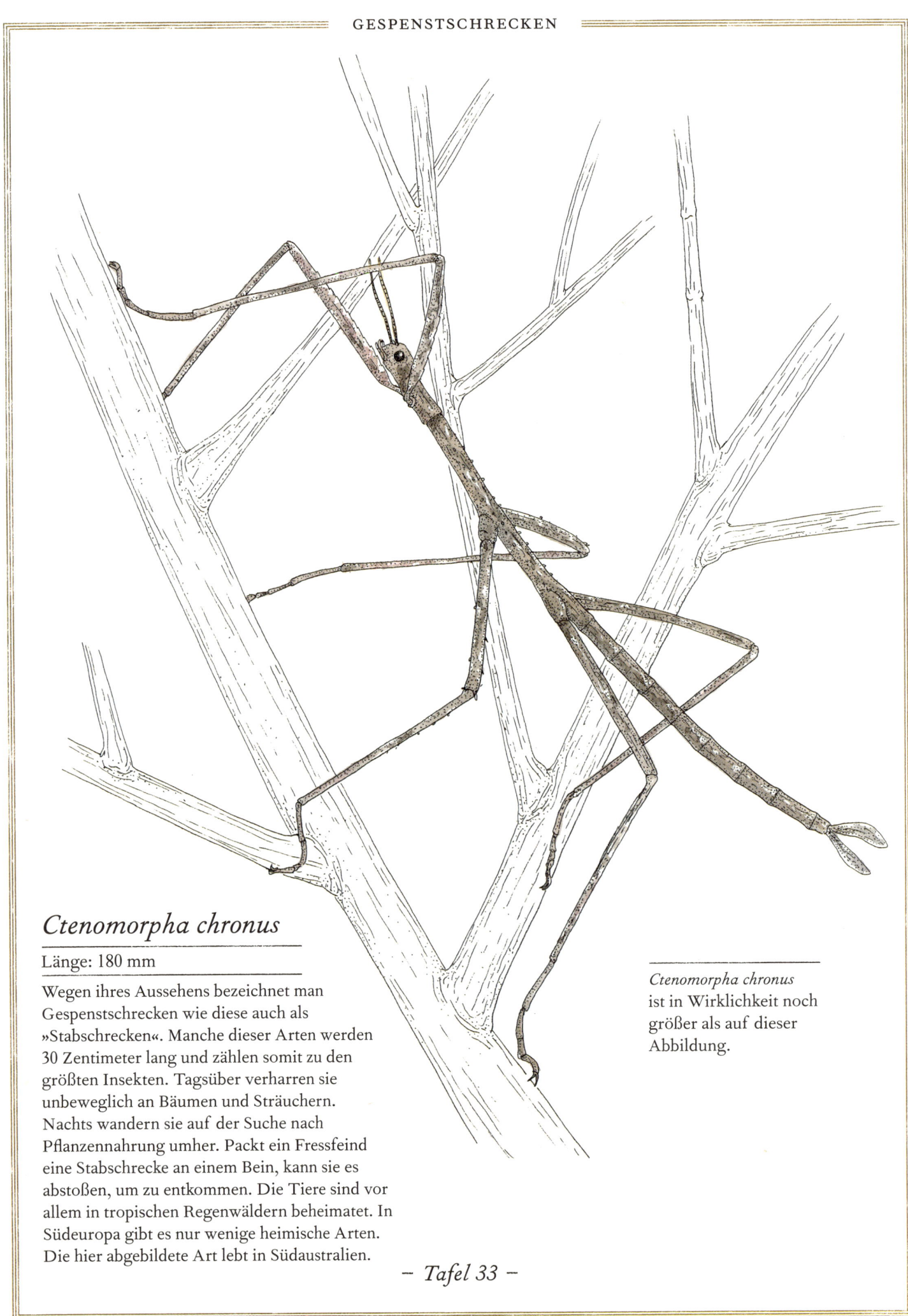

Ctenomorpha chronus

Länge: 180 mm

Wegen ihres Aussehens bezeichnet man
Gespenstschrecken wie diese auch als
»Stabschrecken«. Manche dieser Arten werden
30 Zentimeter lang und zählen somit zu den
größten Insekten. Tagsüber verharren sie
unbeweglich an Bäumen und Sträuchern.
Nachts wandern sie auf der Suche nach
Pflanzennahrung umher. Packt ein Fressfeind
eine Stabschrecke an einem Bein, kann sie es
abstoßen, um zu entkommen. Die Tiere sind vor
allem in tropischen Regenwäldern beheimatet. In
Südeuropa gibt es nur wenige heimische Arten.
Die hier abgebildete Art lebt in Südaustralien.

Ctenomorpha chronus
ist in Wirklichkeit noch
größer als auf dieser
Abbildung.

– *Tafel 33* –

Phyllium bioculatum

Länge: 60 mm

Die Gespenstschreckenarten aus der Familie der Phyllidae bezeichnet man als »Wandelnde Blätter«. Wir kennen rund 30 Arten, die in heißen Regionen Australiens, Indiens und Indonesiens sowie auf den Seychellen leben. Sie besitzen zwar Flügel, können aber kaum fliegen.

Dieses Wandelnde Blatt ist in natürlicher Größe abgebildet.

– Tafel 34 –

REGISTER

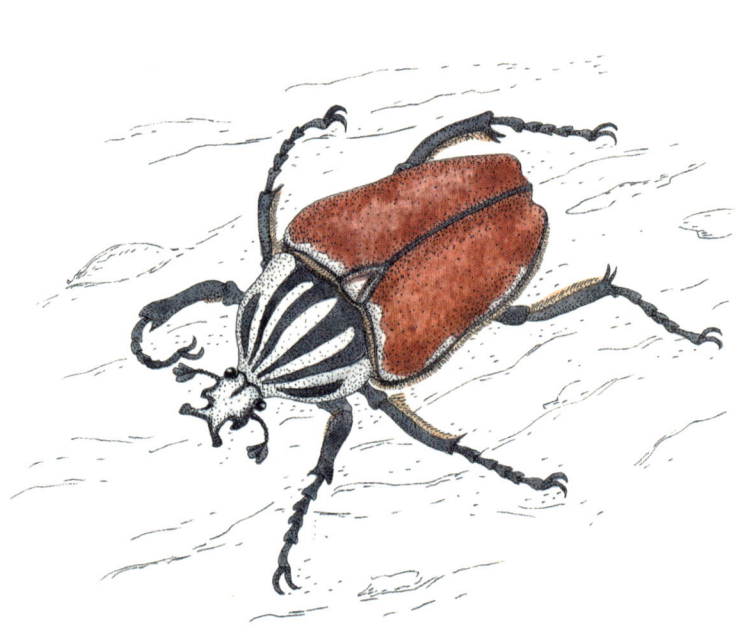